Qui parle français ?

Livre 6

par Carla Tarini
illustrations par Esther Rosier

Qui parle français ? Livre 6

First edition 2020

Author: Carla Tarini
Editor: Kirstin Plante
Copy editor: Anny Ewing
Illustrator: Esther Rosier
Design: Arcos Publishers

Arcos Publishers
Molengouw 36
1151 CJ Broek in Waterland
The Netherlands
info@arcospublishers.com
www.arcospublishers.com

ISBN 9789490824365

BISAC LAN012000
Keywords: language learning, French language, French-speaking cultures
Language level: CERF: A2, ACTFL: novice-high

Contents

Euzhan
Palcy
1958

Je m'appelle Euzhan Palcy

Je m'appelle Euzhan Palcy.

Je suis née en 1958 (mille neuf cent cinquante-huit) en Martinique.

La Martinique est une belle île dans la mer des Caraïbes.

Mon père m'encourage à suivre mes passions.

François Truffaut, un cinéaste français, m'encourage aussi.

Je suis cinéaste. J'ai une vision unique.

Je fais mes films exactement comme je veux. Ça, c'est important.

Je fais un film qui s'appelle *Rue Cases-Nègres.*

C'est une adaptation du livre de Joseph Zobel, un autre Martiniquais.

J'ai beaucoup de prix pour mes films.

Je m'intéresse aux conséquences de l'apartheid[1].

Je fais des recherches à Soweto, en Afrique du Sud. C'est dangereux.

Marlon Brando, l'acteur américain, joue dans mon film *A Dry White Season.*

Je réfléchis à la carrière de Shonda Rhimes, la créatrice de *Grey's Anatomy.*

Je suis heureuse de voir une femme noire avoir autant de succès[2].

Être cinéaste, ce n'est pas un club juste pour les hommes.

Être cinéaste, c'est aussi pour les femmes.

1. Apartheid was a policy of racial segregation in South Africa from 1949 to 1991.
2. avoir autant de succès – have so much success

Je m'appelle Albertine Zullo

Je m'appelle Albertine Zullo.

Je suis née en 1967 (mille neuf cent soixante-sept).

Je viens de Suisse. La Suisse est en Europe.

Je suis artiste. Je suis illustratrice. J'illustre des livres pour enfants.

Je collabore avec mon mari, Germano Zullo. C'est une bonne collaboration.

Je fais des dessins en couleur. Je fais aussi des dessins en noir et blanc.

J'ai un ami qui est extraterrestre. Il s'appelle Zinzouin.

J'ai une autre amie qui s'appelle Marta. C'est une vache.

Marta la vache a beaucoup d'aventures.

Zinzouin et Marta sont dans mes livres.

Je fais aussi des dessins animés. C'est très différent de faire des livres.

Mon film, *La Femme canon,* n'est pas long : seulement 14 (quatorze) minutes.

Est-ce que j'aime les raviolis ? C'est un mystère !

Est-ce facile de représenter des émotions dans un dessin ? Pas toujours.

Avec mon art, je continue à explorer la vie.

La vie est une danse, n'est-ce pas ?

Albertine
Zullo
1967

Coco
Chanel
1883 – 1971

Je m'appelle Coco Chanel

Je m'appelle Coco Chanel.

Je suis née en 1883 (mille huit cent quatre-vingt-trois). Je viens de France.

Je n'ai pas une enfance typique, mais c'est comme ça.

Je suis une femme indépendante, déterminée et ambitieuse.

J'aime aller à la plage à Deauville, en Normandie.

Je suis styliste. Je suis femme d'affaires[3].

Je suis un bon styliste, mais je ne suis pas toujours une bonne personne.

J'ai des ciseaux. J'ai du tissu. J'ai une idée.

Je veux porter des vêtements confortables. Je veux de beaux vêtements.

Je sais faire de beaux vêtements confortables pour les femmes.

Je fais aussi des costumes pour le ballet et le cinéma.

J'ai une petite robe noire et des perles blanches. C'est élégant, n'est-ce pas ?

La petite robe noire change l'image de la couleur noire dans des vêtements.

J'adore mon parfum : Chanel N° 5.

Chanel, c'est le symbole de l'élégance française.

3. femme d'affaires – business woman

Je m'appelle Rithy Panh

Je m'appelle Rithy Panh.

Je suis né en 1964 (mille neuf cent soixante-quatre) à Phnom Penh.

Phnom Penh est au Cambodge, en Asie. Je suis cambodgien.

J'ai une enfance tragique. Je me pose la question : qui suis-je?

Je déteste l'extrême violence des militants cambodgiens, les Khmers rouges.

Je souffre profondément parce que ma famille n'échappe pas au danger.

Je vais en France. Je suis réfugié à Paris.

Je m'intéresse au cinéma. Je sais faire des films. Je suis cinéaste.

Je fais beaucoup de documentaires sur le génocide au Cambodge.

Dans mon film *L'Image manquante*[4], j'utilise de petites figurines.

L'Image manquante est un film autobiographique.

J'écris aussi un livre autobiographique. Mon livre s'appelle *L'Élimination*.

Pour moi, la mémoire est essentielle pour le progrès d'une culture.

Je veux préserver les archives audiovisuelles.

Je veux comprendre le passé du Cambodge.

Je ne veux pas que l'histoire se répète.

4. L'Image manquante – The Missing Picture

Rithy
Panh
1964

Alain
Mabanckou
1966

Je m'appelle Alain Mabanckou

Je m'appelle Alain Mabanckou.

Je suis né en 1966 (mille neuf cent soixante-six) en République du Congo.

La République du Congo n'est pas la République Démocratique du Congo.

Je parle lari, villi, kamba, kituba, lingala, français et anglais.

Je parle de nombreuses langues, mais le monde est mon langage.

Je passe ma jeunesse à Pointe-Noire. C'est une grande ville.

Je m'intéresse au droit[5], mais j'adore la littérature.

Je vais en France. Je vais à Nantes et je vais à Paris.

J'aime lire et écrire.

J'aime beaucoup les livres de l'Américain James Baldwin.

Le titre de mon premier livre est *Bleu-Blanc-Rouge.*

Mon livre parle de la vie d'un Africain qui va en France.

Tout n'est pas bleu-blanc-rouge pour les immigrés africains en France.

La vie des immigrés, c'est souvent très difficile.

J'écris aussi des livres pour enfants. C'est un style différent.

La couverture de mon livre *Ma Sœur-Étoile* est très, très jolie.

Est-ce que j'ai des prix littéraires ? Bien sûr que oui !

5. droit – law

Je m'appelle Philippe Petit

Je m'appelle Philippe Petit.

Je suis né en 1949 (mille neuf cent quarante-neuf). Je viens de France.

Je sais jongler[6]. Je jongle très bien. Jongler, c'est une activité amusante.

Je suis magicien. Je sais faire de la magie.

Je vais souvent à New York pour faire de la magie à Washington Square Park.

Je suis aussi acrobate. Je peux faire des flips.

J'ai un monocycle. Ce n'est pas difficile pour moi.

Est-ce que j'aime marcher ? Bien sûr que oui.

J'aime marcher sur un câble, sur un fil tendu[7].

C'est dangereux ! C'est risqué ! C'est extraordinaire ! J'adore ça !

Je commets un crime. C'est un crime artistique.

Je commets un crime artistique à New York.

Alors, quel est mon crime artistique ?

Je marche sur un fil tendu entre les deux tours du World Trade Center.

Le public m'adore ! Est-ce que la police m'adore aussi ? Je pense que non.

Il y a un film sur mon crime artistique, *Man on a Wire*. C'est magnifique !

6. je sais jongler – I know how to juggle
7. fil tendu – high wire (literally, tight wire)

Philippe
Petit
1949

Marie Antoinette
1755 – 1793

Je m'appelle Marie Antoinette

Je m'appelle Marie Antoinette.

Je suis née en 1755 (mille sept cent cinquante-cinq) en Autriche, en Europe.

Je suis catholique.

Je sais jouer de la harpe. J'aime chanter et danser.

Je me marie très jeune, à l'âge de 14 (quatorze) ans.

Mon mari, Louis XVI (seize), est roi de France et moi, je suis reine !

Je pense que je suis très belle.

J'ai des cheveux magnifiques et j'aime beaucoup ma coiffure bouffante[8].

J'adore être riche. Je fais ce que je veux.

J'adore les objets de luxe. Je suis frivole et je dépense beaucoup d'argent.

Est-ce que je veux un collier de diamants ? C'est possible.

Je vais souvent dans mon jardin, parce que j'adore les fleurs.

J'ai un parfum particulier qui est fait de rose, iris, jasmin et orange.

Je suis souvent très insensible au peuple français.

Je dis : « Qu'ils mangent de la brioche[9] ! » quand les Français ont faim. Ha !

Est-ce que j'aime la Révolution française ? Bien sûr que non !

8. coiffure bouffante – puffed up hairstyle

9. The phrase « Qu'ils mangent de la brioche ! », long attributed to Marie-Antoinette, is commonly known in English as: "Let them eat cake!"

Je m'appelle Flora Coquerel

Je m'appelle Flora Coquerel.

Je suis née à Mont-Saint-Aignan en 1994 (mille neuf cent quatre-vingt-quatorze).

Mon anniversaire est le 14 (quatorze) avril.

Je viens de France. J'ai la double nationalité : franco-béninoise.

Le Bénin est en Afrique de l'Ouest.

Je suis belle, élégante, intelligente et sportive. Je suis mannequin.

J'ai le titre de Miss France 2014 (deux mille quatorze).

J'ai une belle couronne. Je suis comme une reine ou une princesse !

Je suis heureuse de représenter une France cosmopolite.

Je veux faire des projets humanitaires.

Je fonde KELINA, une association pour aider les femmes et les enfants.

J'aide à la construction d'un centre de santé[10] à Aledjo, au Bénin.

Je poste souvent sur les médias sociaux : Instagram, Twitter et Facebook.

Beaucoup de personnes lisent mes messages. J'ai beaucoup d'abonnés[11].

Je veux que mes suiveurs examinent la mission de KELINA.

Pour élever un enfant, il faut un village.

Il faut un village réel et il faut un village virtuel.

10. centre de santé – health center

11. abonnés – followers

Flora
Coquerel
1994

Coco
Mbassi
1969

Je m'appelle Coco Mbassi

Je m'appelle Coco Mbassi.

Je suis née le 28 (vingt-huit) février 1969 (mille neuf cent soixante-neuf).

Je suis camerounaise, mais je suis née à Paris.

Le Cameroun est en Afrique Centrale.

Je parle douala, français et anglais. Parler d'autres langues, c'est très utile.

J'adore chanter. Je vais souvent dans les clubs de jazz à Paris et à Londres.

J'ai un style unique.

Mon père aime la musique classique. Mon frère aime la musique reggae.

Ma mère aime la musique d'Otis Redding.

Ma grand-mère aime les chansons chrétiennes.

Toutes sortes de musiques influencent mes chansons et mon style.

Une autre de mes passions, c'est d'écrire.

J'écris une comédie musicale qui s'appelle *Haendel on the Estate*.

J'écris un livre pour enfants, *P'tit Ngando, le mangeur d'algues*[12].

P'tit Ngando est un crocodile qui n'est pas comme les autres crocodiles.

Je veux que tout le monde accepte et respecte les différences des autres.

12. *P'tit Ngando, le mangeur des algues* – Little Ngando, the Seaweed Eater

Je m'appelle Germaine Tillion

Je m'appelle Germaine Tillion.

Je suis née en 1907 (mille neuf cent sept) en France, en Europe.

Je suis une femme curieuse et je suis une intellectuelle.

J'aime penser à l'histoire humaine. C'est vaste, n'est-ce pas ?

J'aime comprendre les similarités et les différences entre les personnes.

Je vais souvent en Algérie, en Afrique du Nord.

Je suis active en politique. Je déteste les Nazis en France.

J'ai un rôle important dans la Résistance française contre les Nazis.

J'offre mes documents à une famille juive. La famille peut s'échapper.

Les Nazis me forcent à aller dans un camp de concentration. C'est atroce.

Est-ce qu'une personne peut être éliminée sans laisser de trace ?

En secret, j'écris des notes sur les crimes des Nazis.

En secret, je prends des photos.

J'ai de la chance parce que je m'échappe du camp de Ravensbrück.

Ma mère n'a pas cette chance. Non, elle n'a pas cette chance.

Je dénonce la torture des Français en Algérie.

Je passe ma vie à défendre les droits de l'homme[13] – les droits humains.

13. les droits de l'homme – human rights

Germaine
Tillion
1907 – 2008

Carla
Tarini
1962

Meet the author

My name is Carla Tarini.

I was born in 1962, near Chicago, in the United States.

My family loves boxer puppies. We also like to play cards.

At the university, I study French and Italian.

My favorite teacher is Madame Kaplan. Now she is my friend.

I go to Nice, France and stay there for four years.

I have two children and one dog. They are the best!

I like to walk along the beach, swim and do crossword puzzles.

I am a French teacher.

I learn to teach with Comprehensible Input.

My students acquire French very quickly now. Yay!

I love to write stories. I have fun doing research for this biography series.

I find many interesting people– some famous, others less famous.

To me, they are equally important: they are all people.

I hope you enjoy reading these stories.

I hope you enjoy meeting everyone.

I hope you enjoy discovering the French-speaking world.

Amérique du Nord

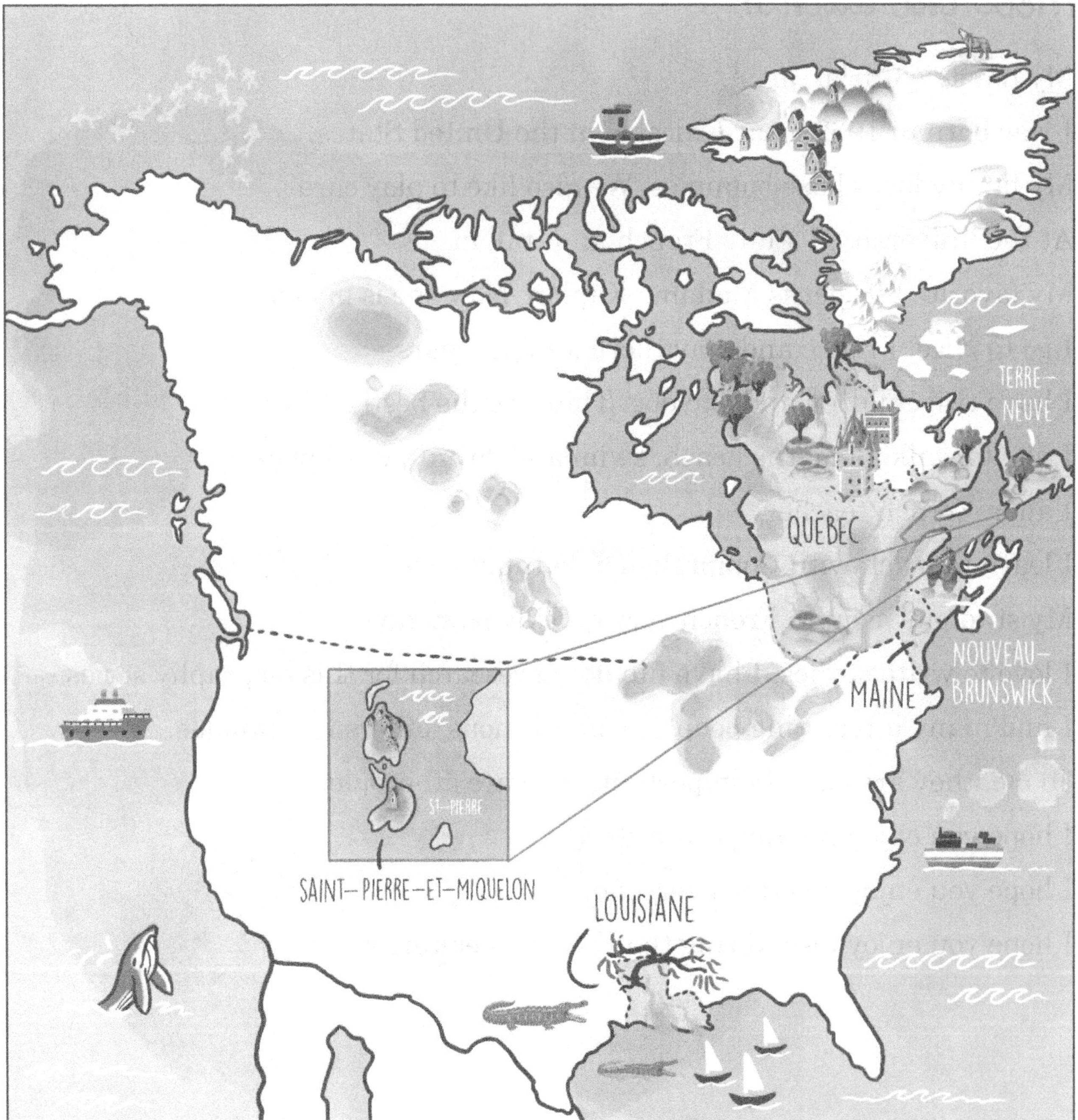

SAINT-MARTIN
HAÏTI
SAINT BARTHÉLEMY
GUADELOUPE
DOMINIQUE
MARTINIQUE
SAINTE-LUCIE
AMÉRIQUE DU SUD
GUYANE (FRANÇAISE)

Europe, Afrique du Nord, et le Moyen-Orient

Afrique

MAROC
ALGÉRIE
TUNISIE
MAURITANIE
MALI
NIGER
TCHAD
SÉNÉGAL
GUINÉE
BURKINA FASO
BÉNIN
CÔTE D'IVOIRE
TOGO
CAMEROUN
CENTRAFRIQUE
GUINÉE ÉQUATORIALE
GABON
RÉPUBLIQUE DÉMOCRATIQUE DU CONGO
RWANDA
BURUNDI
RÉPUBLIQUE DU CONGO
DJIBOUTI
SEYCHELLES
COMORES
MAYOTTE
ÎLE MAURICE
RÉUNION
MADAGASCAR

Asie

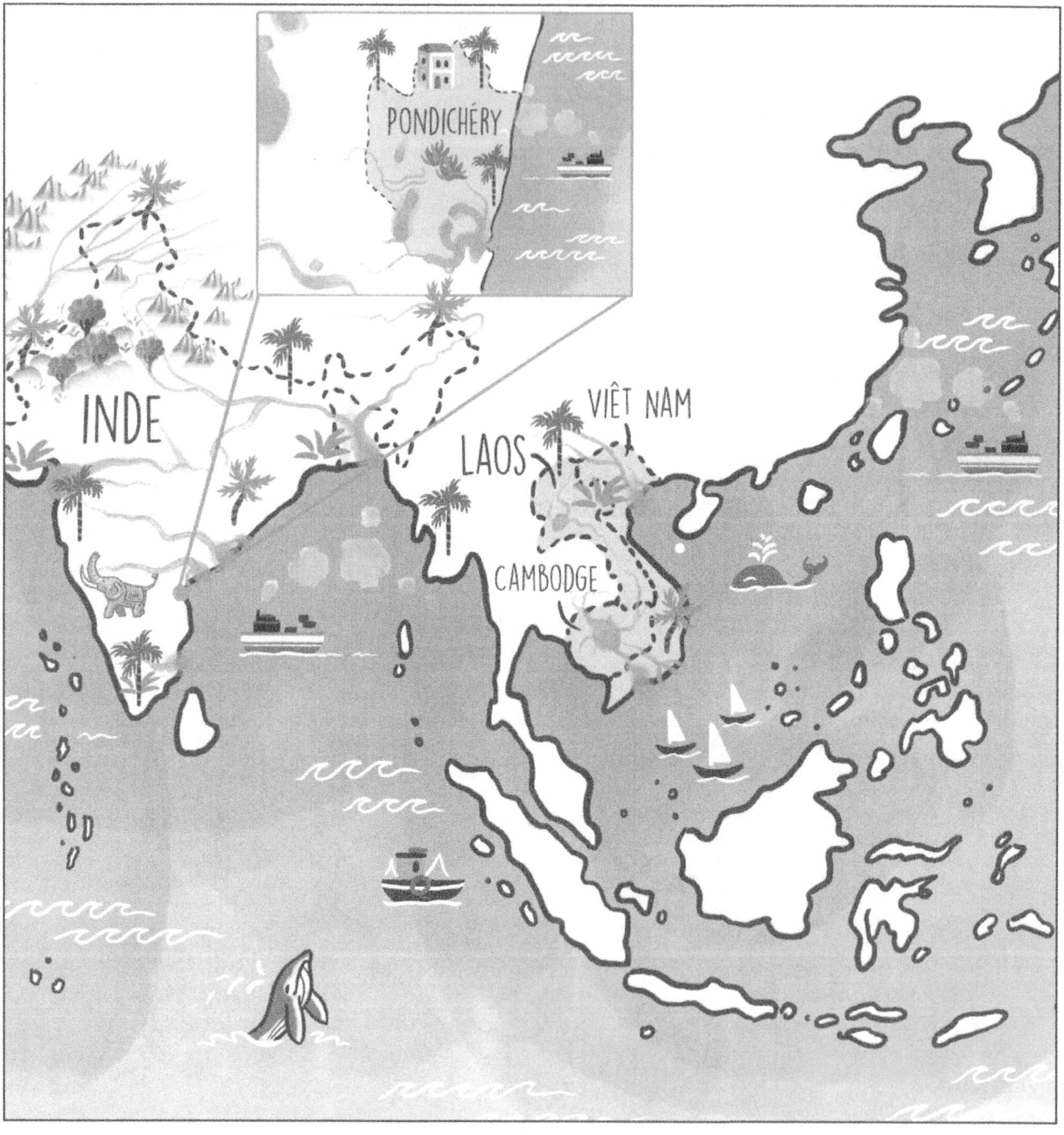

Océanie

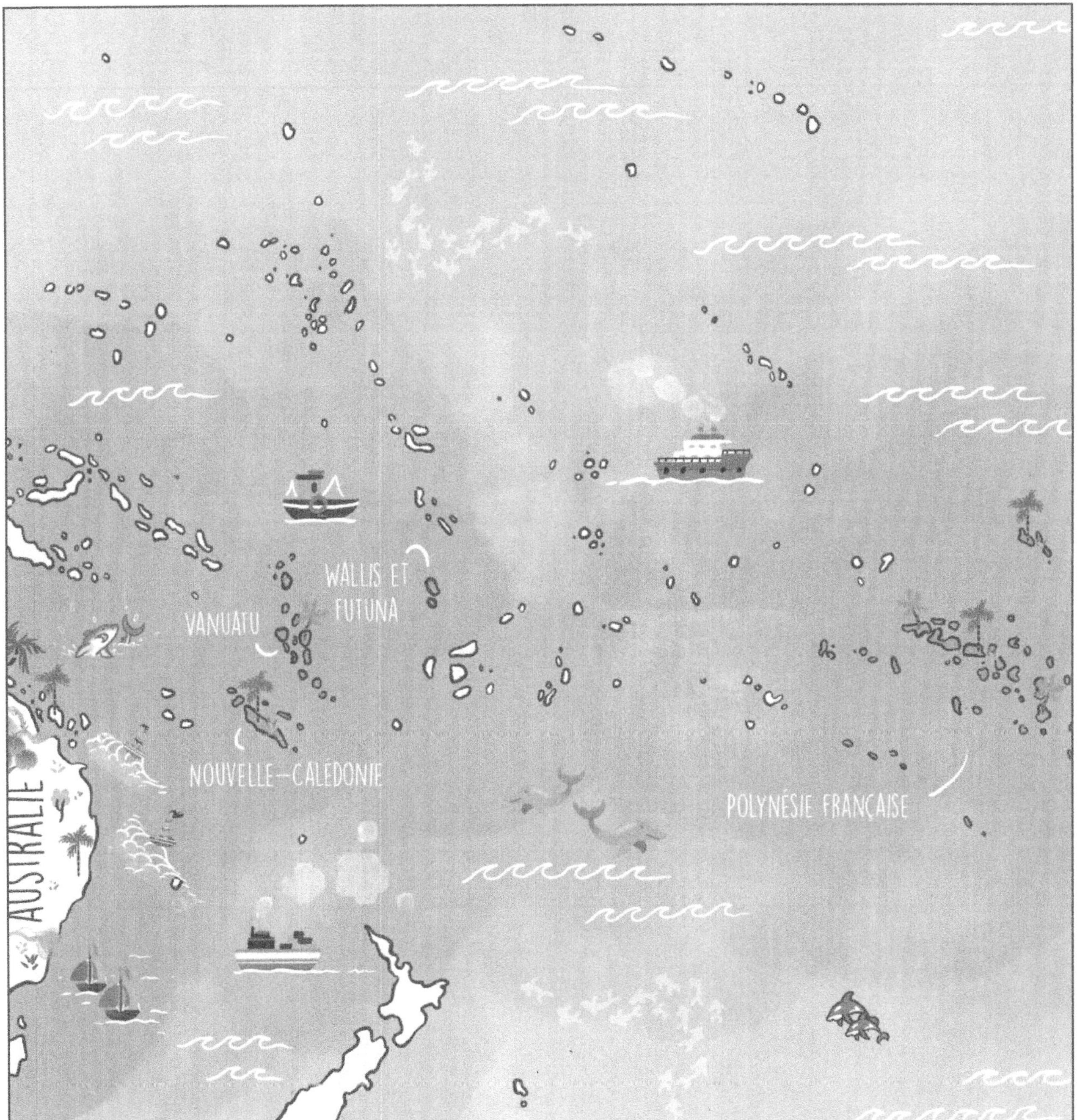
WALLIS ET
FUTUNA
VANUATU
NOUVELLE-CALÉDONIE
POLYNÉSIE FRANÇAISE
AUSTRALIE

Glossary

A

a	has
à	in; at; to
abonnés	followers
accepte	accept
acrobate	acrobat
acteur	actor
active	active
activité	activity
adaptation	adaptation
affaires	affairs, business
Africain	African
africains	African
Afrique	Africa
âge	age
aider	to aid, to help
aime	like, love; likes, loves
aiment	like, love
Algérie	Algeria
algues	algae, seaweed
aller	to go
alors	so
ambitieuse	ambitious
Américain	American
américain	American
ami	friend
amie	friend
amusante	amusing, funny
anglais	English
animés	animated
dessins animés	cartoons
anniversaire	birthday
ans	years
à l'âge de 14 ans	at age 14
apartheid	apartheid
appelle	call
je m'appelle	my name is
qui s'appelle	that/who is called
archives	archives
argent	money
art	art
artiste	artist
artistique	artistic
Asie	Asia
association	association
atroce	atrocious, awful
au	in the; at the; to the
n'échappe pas au danger	doesn't escape from danger
audiovisuelles	audio-visual
aussi	also, too
autant	so much
autobiographique	autobiographical
autre(s)	other(s)

d'autres	other(s)
Autriche	Austria
aux	in the
avec	with
aventures	adventures
avoir	to have
avril	April

B

ballet	ballet
beaucoup	a lot; much
beaucoup de/d'	a lot of, many
beaux	beautiful
belle	beautiful
béninoise	Beninese
franco-béninoise	French-Beninese
bien	well; good
bien sûr que oui	yes, of course
bien sûr que non	of course not
biographies	biographies
blanc	white
blanches	white
bleu	blue
bonne	good
bouffante	puffed
brioche	brioche pastry

C

c'est	it is; that is
ça	that
câble	cable
Cambodge	Cambodia
cambodgien	Cambodian
Cameroun	Cameroon
camerounaise	Cameroonian
camp	camp
canon	cannon
Caraïbes	Caribbean
carrière	career
cases	huts, shacks
Rue Cases-Nègres	Sugar Cane Alley
catholique	Catholique
ce	it; this
cent	hundred
centrale	central
centre	center
ces	these
cette	this
chance	chance, luck
change	changes
chansons	songs
chanter	to sing
chaque	each
cheveux	hair
chrétiennes	Christian
cinéaste	director, filmmaker
cinéma	cinema, movies
cinq	five
cinquante	fifty
ciseaux	scissors
classique	classical
club(s)	club(s)
coiffure	hairstyle

collaboration	collaboration
collabore	collaborate
collier	necklace
comédie	comedy
comme	like, as
commets	commit
comprendre	to understand
concentration	concentration
confortables	comfortable
connaître	to know
conséquences	consequences
construction	construction
continue	continue
contre	against
cosmopolite	cosmopolitan
costumes	costumes
couleur	color
couronne	crown
couverture	cover
créatrice	creator
crime(s)	crime(s)
crocodile(s)	crocodile(s)
culture	culture
curieuse	curious

D

d'	of; from; some; to
femme d'affaires	business woman
danger	danger
dangereux	dangerous
dans	in
danse	dance
danser	to dance
de	of; from; some
jouer de la harpe	play the harp
défendre	defend
démocratique	democratic
dénonce	denounce
dépense	spend
des	of the; from the; some
dessin(s)	drawing(s), design(s)
déterminée	determined
déteste	detest, hate
deux	two
diamants	diamonds
différences	differences
différent	different
différente	different
difficile	difficult
dis	say
dix	ten
doala	Doala
documentaires	documentaries
documents	documents
double	double
droit	law
droits	rights
droits humains	human rights
du	of the; from the; some

E

échappe	escape; escapes

écrire	to write
élégance	elegance
élégant	elegant
élégante	elegant
élever	to raise
élimination	elimination
éliminée	eliminated
elles	they
émotions	emotions
en	in; to
endroits	places
enfance	childhood
enfant	child
enfants	children
entre	between
essentielle	essential
est	is
est-ce que	is it that
et	and
étoile	star
être	to be, being
extrême	extreme
exactement	exactly
examinent	examine
excellent	excellent
explorer	to explore
extraordinaire	extraordinary
extraterrestre	extraterrestrial

F

facile	easy
faim: ont faim	are hungry
faire	to make; to do
fais	make, do
fait	made
famille	family
faut: il faut	it's necessary
il faut un village	it takes a village
femme	woman
femmes	women
février	February
figurines	figurines
fil	wire
film(s)	film(s), movie(s)
fleurs	flowers
flips	flips
fonde	found, create
font	make, do
forcent	force
français	French
Français	French people
française	French
franco-béninoise	French-Beninese
frère	brother
frivole	frivolous

G

génocide	genocide
grande	big
grand-mère	grandmother

H

ha	ha
harpe	harp
heureuse	happy
histoire	history
homme	man
hommes	men
huit	eight
humaine	human
humains	human
humanitaires	humanitarian

I

idée	idea
il	he; it
il y a	there is; there are
île	island
illustration(s)	illustration(s)
illustratrice	illustrator
ils	they
image	image, picture
immigrés	immigrants
important	important
indépendante	independent
influencent	influence
insensible	insensitive
intellectuelle	intellectual
intelligente	intelligent
intéressantes	interesting
intéressants	interesting
iris	iris

J

j'	I
jardin	garden
jasmin	jasmine
jazz	jazz
je	I
jeune	young
jeunesse	youth
jolie	pretty, attractive
jongle	juggle
jongler	juggler
joue	play; act
jouer	to play
juive	Jewish
juste	only

K

kamba	Kamba
Khmers rouges	Khmer Rouge
kituba	Kituba

L

l'	the
la	the
laisser	to leave
sans laisser de trace	without leaving a trace
langage	language
langues	languages
lari	Laari
le	the

les	the
lingala	Lingala
lire	to read
lisent	read
littéraires	literary
littérature	literature
livre(s)	book(s)
Londres	London
long	long
luxe	luxury

M

m'	me; to me; myself
je m'appelle	my name is
ma	my
magicien	magician
magie	magic
magnifique(s)	magnificent
mais	but
mangent	eat
mangeur	eater
mannequin	model
manquante	missing
marche	walk
marcher	to walk
mari	husband
marie	marry
je me marie	I get married
martiniquais	Martinican
me	me; to me; myself
médias	media
mémoire	memory
mer	sea
mère	mother
mes	my
messages	messages
militants	militants
mille	thousand
mini-biographies	mini-biographies
minutes	minutes
mission	mission
moi	me
mon	my
monde	world
tout le monde	everyone
monocycle	unicycle
musicale	musical
musique	music
musiques	music
mystère	mystery

N

n'... pas	not; doesn't
n'est-ce pas	isn't that so
nationalité	nationality
Nazis	Nazis
ne... pas	not
né	born
je suis né	I was born
née	born
je suis née	I was born
nègres	black

neuf nine
noir black
Noire Black woman
nombreuse(s) numerous
non no; not
  je pense que non I don't think so
nord north
Normandie Normandy
notes notes
numéro number

O

objets objects
on people
  où l'on parle where people speak
ont have
  ont faim are hungry
orange orange
ou or
où where
  d'où viennent-ils where are they from
ouest west
  Afrique de l'Ouest West Africa
oui yes

P

p'tit little
parce que because
parfum perfume
parle speak; speaks
  où l'on parle where people speak
particulier particular
pas: ne ... pas not
passe spend
passé past
passions passions
pense think
penser to think
père father
perles pearls
personne person
personnes people
petit little, small
petite(s) little, small
peuple people
peut can
peux can
photos photos
plage beach
police police
politique politics
porter to wear
pose ask
possible possible
poste post
pour for; in order to
premier first
prends take
préserver preserve
princesse princess
prix prizes, awards
profondément profoundly
progrès progress

projets	projects
public	public

Q

qu'	that; what
qu'est-ce qu'	what is it that
quand	when
quarante	forty
quatorze	fourteen
quatre	four
que	that; than
quel	what
question	question
qui	who; that
qui s'appelle	whose name is

R

raviolis	ravioli
recherches	research
réel	real
réfléchis à	reflect on; think about
réfugié	refugee
reggae	reggae
reine	queen
répète	repeat
représenter	to represent
république	republic
Résistance française	French Resistance
respecte	respect
révolution	revolution
riche	rich
risqué	risky
robe	dress
roi	king
rôle	role
rose	rose
rouge(s)	red
rue	alley, street

S

s'	himself; herself
s'appelle	is called
s'échapper	to escape
sais	know; know how to
sans	without
santé	health
savoir	to know
se	itself
secret	secret
seize	sixteen
sept	seven
série	series
seulement	only
similarités	similarities
six	six
sixième	sixth
sociaux	social
sœur	sister
soixante	sixty
sont	are
sortes	sorts, types, kinds
souffre	suffer

souvent	often
sportive	athletic
style	style
styliste	fashion designer
succès	success
sud	south
suis	am
Suisse	Switzerland
suivre	to follow
superbe	superb
sur	on; about
sûr	sure
bien sûr que oui	yes, of course
bien sûr que non	of course not
symbole	symbol

T

tendu	tight
tissu	fabric
titre	title
torture	torture
toujours	always, forever
tours	towers
tout	all, everything
tout le monde	everyone
toutes	all
trace	trace
tragique	tragic
très	very
trois	three
tu	you
typique	typical

U

un	a, one
une	a, one
unique	unique

V

va	goes
vache	cow
vais	go
vaste	vast
vêtements	clothing
veux	want
vie	life
viens	come
village	village, town
ville	Vili (Civili)
villi	city
vingt	twenty
violence	violence
virtuel	virtual
vision	vision
visuelles	visual
voir	to see

Y

y	there
il y a	there is, there are

List people in this series

Adjani, Isabelle - Book 1
Adnan, Etel - Book 9
Akendengué, Pierre - Book 5
Alaïa, Azzedine - Book 4
Altrad, Mohed - Book 1
Badiel, Georgie - Book 7
Baldé, Elladj - Book 4
Bardot, Brigitte - Book 9
Ben Abdesslem, Hanaa - Book 3
de Beauvoir, Simone - Book 9
Bologne, Joseph - Book 3
Bonaparte, Napoléon - Book 7
Bonoly, Surya - Book 7
Boupacha, Djamila - Book 9
Brel, Jacques - Book 3
Chadid, Merieme - Book 7
Chanel, Coco - Book 6
Chartrand, Martine - Book 7
Chenier, Clifton - Book 2
Child, Julia - Book 10
Cixous, Hélène - Book 8
Claudel, Camille - Book 4
Cohen-Tannoudji, Claude - Book 2
Coleman, Bessie - Book 3
Coquerel, Flora - Book 6
Cousteau, Jacques - Book 3
Curie, Marie - Book 1
Damas, Léon - Book 7
Depardieu, Gérard - Book 5
Descartes, René - Book 8
Diome, Fatou - Book 4
Dion, Céline - Book 4
Dumas, Alexandre - Book 9
Dutrieu, Hélène - Book 2
Eberhardt, Isabelle - Book 10
Eiffel, Gustave - Book 5
Faure-Vidot, Magie - Book 2
Flessel-Colovic, Laura - Book 8
Flon, Catherine - Book 5
Fontenot, Mary Alice - Book 5
de Gouges, Olympe - Book 1
Grand-Pierre, Jean-Luc - Book 5
Hassani, Bilal - Book 10
Hima, Mariama - Book 4
Kamatari, Esther - Book 10
Karembeu, Christian - Book 1
Khelfa, Farida - Book 1
Kpomassie, Tété-Michel - Book 2
Laliberté, Guy - Book 10
Lê, Nguyên - Book 7
Lewis Guillory, Ida - Book 1
Louis XIV - Book 9
Mabanckou, Alain - Book 6
Manet , Raghunath - Book 4

Dedication

To Su Pesa and Alisa Shapiro: You are the best colleagues and friends. May language teachers around the world have as much fun at their jobs as we do. Aloha!

Acknowledgments

First, I would like to thank Kirstin Plante of Arcos Publishers. You jumped on board with this project after one conversation and you didn't mind its ever-expanding scope. Thank you for your confidence, for finding our illustrator, and for working on every aspect in true partnership. It has been a pleasure to work with you.

Next, several people reviewed these stories at various stages. Thank you to Isabelle Kaplan and Bertrand Cocq who provided valuable feedback early on. Thank you to Cécile Lainé, Bernard Rizzotto, Françoise Mishinger, Nelly Adelard and Patrick Parisien, who caught typos and ensured that the text sounded natural. Bernard and Cécile, you understood my vision immediately and I'm grateful for your encouragement. Indeed, an extra thank you is in order for Cécile, who attentively reread the series after I decided to lengthen many of the biographies. Our copy editor, Anny Ewing, put the final set of eyes on the books. Anny, thank you for your sharp-eyed reading, spot-on suggestions and kind praise. Your support was invaluable. I am also grateful to Esther Rosier, our illustrator. Her beautiful drawings offer multiple layers of exploration for readers and teachers.

I wouldn't have started to teach with Comprehensible Input if not for Donna Tatum-Johns, whom I saw at my first TPRS workshop. Within 10 minutes, I knew I was in the exact right place. At subsequent CI trainings, I learned from Blaine Ray, Carol Gaab, Karen Rowan and Jason Fritze. I'm lucky to have met you all. Although you didn't know of my efforts to write this series, you certainly had a role in shaping my desire to do so.

To my 6th grade students of the past few years: it has been gratifying to watch you choose these stories during our reading time and then ask if I would write more. I wrote these for you.

And finally, to my children, Jaco and Eliana, to my siblings Eva and Paul, and to my beau, Iñigo. You are always there for me, even when I'm busy behind the computer screen. And to my lovely parents... I can almost hear Dad reading these stories aloud to Mom with his best French accent.

A note to teachers & students

French is the official language of over two dozen countries and nearly 300 million people speak it today. Of course, the language sounds somewhat different from one country to the next, but it sounds beautiful wherever it is spoken. French is the 5th most widely spoken language in the world and it is estimated that by the year 2050, there will be over 700 million French speakers. Welcome to the club!

Qui parle français ? is a cultural stepping stone for French students ages 11 to 99. Written with simple elegance, the 100 biographies in this 10-book series target high-frequency language and abound with cognates.

Engaging illustrations accompany each story. This pairing offers the teacher a rich platform for providing compelling input. The cross-curricular tie-ins are numerous: geography, history, arts, literature, sports, business, science, fashion and more.

The intersection of culture, language, race, politics and gender is thought-provoking.
Qui parle français ? is for anyone curious about French languages and French-speaking cultures.

What is in the books?

- 6 maps of the French-speaking world are found in each book.
- A complete glossary is provided in the back.
- The books can be read in any order, and the stories within each book can be read in any order.
- From Book 1 to Book 10, the total number of words per book increases from around 1,300 to 1,900 words. This book has 1,692 words.
- Each book contains approximately 450 to 550 unique words, counting each word form (importance, important, importantes) and each verb form (veut, veux, veulent) as separate words. This book has 472 unique words. Most of these words also appear in the other books of this series.
- Each story has between 130 and 190 words.
- Each story is written in the present tense and in the first person.

Teacher's Guide

A Teachers' Guide will be available at www.arcospublishers.com and at Amazon. The Teacher's Guide contains brief explanations on providing comprehensible input with trusted language teaching techniques developed by CI-teachers, such as: Picture Talk, Story Listening, Special Person Interviews, Story Asking, One Word Images and more.

Arcos novels connect people to the world
People who acquire a new language learn more than just language skills. We also learn to understand the lives and habits of another culture. We need stories to gain insight into the countries where the language is spoken, and to understand and connect to the people who live in those countries: stories about people in their own environment; about travelers who visit the country or newcomers who are learning how to get around; and stories about historical characters that you may encounter in street names, movies, or books. All these stories enhance our understanding and empathy for cultures that are different from our own.

Arcos novels connect people to people
Even in the simplest novels, the psychology of the characters is realistic and layered, so that it is easy for the reader to connect to them and relate events and emotions to their own lives and experiences. Arcos stories are mostly upbeat and light, using a mild humor which allows for more serious topics to be treated while still maintaining a positive feel. Furthermore, our novel collection embraces an inclusive approach, offering positive role models from different cultures, genders, ages, and abilities.

Arcos novels connect people to the language
Reading stories in a new language not only creates connections between language and daily life, culture, emotions, prior knowledge, and experience, but also enhances language acquisition. For us to acquire new language, repeated exposure to words and language structures is essential. That is why all the key, high-frequency words that appear in this series are repeated several times in each book, and many times throughout the series. Readers recognize these words with increasing ease with each encounter, thus creating space in their minds to understand a greater variety of sentence structures. Even in beginner level novels, readers comprehend more complex sentences when the words are easily recognizable, helping them become more agile with the language as they read.

ARCOS
PUBLISHERS

Made in the USA
Monee, IL
11 November 2026

68341147R10026